TIM ENGARTNER

Pluralismus in der sozialwissenschaftlichen Bildung

Lectiones Inaugurales

Band 8

Pluralismus in der sozialwissenschaftlichen Bildung

Zur Relevanz eines politikdidaktischen Prinzips

Von

Tim Engartner

Duncker & Humblot · Berlin

Bibliografische Information der Deutschen Nationalbibliothek

Die Deutsche Nationalbibliothek verzeichnet diese Publikation in der Deutschen Nationalbibliografie; detaillierte bibliografische Daten sind im Internet über http://dnb.d-nb.de abrufbar.

Fremddatenübernahme: Klaus-Dieter Voigt, Berlin
Druck: Meta Systems Publishing & Printservices GmbH, Wustermark
Printed in Germany

ISSN 2194-3257

ISBN 978-3-428-14213-2 (Print)
ISBN 978-3-428-54213-0 (E-Book)
ISBN 978-3-428-84213-1 (Print & E-Book)

Gedruckt auf alterungsbeständigem (säurefreiem) Papier
entsprechend ISO 9706 ♾

Internet: http://www.duncker-humblot.de

Vorwort

Als mich Sighard Neckel als seinerzeitiger Dekan des Fachbereichs Gesellschaftswissenschaften wissen ließ, dass er die Tradition der Antrittsvorlesung wieder aufleben lassen wolle und den Wunsch an mich herantrug, dass auch ich doch eine eben solche halten möge, stellte sich mir zunächst die Frage, was von diesem Festakt erwartet würde. An den Hochschulen, an denen ich zuvor tätig gewesen war, galt diese bis in das 15. Jahrhundert zurückreichende Tradition als Relikt der alten Ordinarienuniversität – und war infolgedessen aus der Mode gekommen. Meine Recherchen ergaben dann, dass Antrittsvorlesungen seit dem 20. Jahrhundert für gewöhnlich nicht mehr zu Beginn der Tätigkeit von Hochschullehrer(inne)n an der neuen Wirkungsstätte stattfinden, da die mit dem Dienstantritt übertragenen Aufgaben die verfügbaren zeitlichen und personellen Ressourcen häufig wider Erwarten übersteigen. Nun lautet die informelle Maßgabe, dass Antrittsvorlesungen vor Ablauf des ersten Dienstjahres angesetzt werden sollen, so dass mit der Terminierung auf den 5. November 2012 zumindest den zeitlichen Rahmenvorgaben entsprochen wurde.

In Gesprächen mit Kolleg(inn)en erfuhr ich dann, dass Antrittsvorlesungen für gewöhnlich noch weiteren Kriterien zu genügen haben: Sie sollen Einblicke in das wissenschaftliche Werk gewähren, künftige Forschungsschwerpunkte der Professur skizzieren und mit einem Empfang abgerundet werden – nicht nur um diejenigen anzulocken, bei denen das kulinarische das inhaltliche Interesse übersteigt, sondern auch um Raum für (neue) kollegiale Kontakte zu schaffen. Die Erwartungen waren somit ausgesprochen vielfältig und zudem überhöht durch den Veranstaltungsort, fand die Antrittsvorlesung doch in der Aula des Jügelhauses statt. So kamen auch die Gäste mit einem architekturhistorischen Interesse auf ihre Kosten, zumal es eine der letzten Veranstaltungen war, die noch vor dem Umzug auf den Campus Westend im Frühjahr 2013 in der „Alten Aula“ stattfinden konnte. Mit der Wahl des geschichtsträchtigen Raums wurde sichergestellt, dass diejenigen, denen die Inhalte der Antrittsvorlesung in Vergessenheit geraten, zumindest den Veranstaltungsort noch eine Weile in Erinnerung behalten würden.

Mein umfassender Dank gilt bis heute allen Mitarbeiter(inne)n der Professur, insbesondere meiner Sekretärin Ilse Heck. Sie alle haben mir gemeinsam mit unseren Tutor(inn)en die Einfindung in die mitunter nur historisch zu begreifenden Strukturen des Fachbereichs immens erleichtert. Ferner schloss mein Dank schon im November 2012 alle neuen Kolleg(inn)en ein, die mich mit offenen Armen empfingen und mich nicht daran zweifeln ließen, dass die Fachdidaktik in einem kaum mehr tragenden Gebäude – als solches galt der „AfE-Turm“ nach mehreren Wasserrohrbrüchen und Fahrstuhlausfällen sogar den „Bockenheim-Nostalgiker(inne)n“ – als eine tragende Säule des Fachbereichs Anerkennung findet. Meinen eigens zur Antrittsvorlesung angereisten „Weggefährten“ Birgit Weber, Andreas Petrik, Udo

Hagedorn und Michael Haus schulde ich bis zum heutigen Tag Dank dafür, dass sie mir stets den Rücken gestärkt haben – insbesondere in Zeiten, in denen Berufungsverfahren in die Kategorie „illegales Glücksspiel“ zu fallen schienen. Den Studierenden bin ich dafür dankbar, dass sie mich die Lehr-, Lern- und Lebenskultur am Fachbereich rasch und intensiv kennenlernen ließen. So komme ich hier an der Goethe-Universität regelmäßig in den Genuss lebhafter, gehaltvoller und akademisch wie persönlich bereichernder Diskussionen.

Schließlich gebührt mein lebenslang währender Dank meinen Eltern, die mich selbst dann noch verteidigten, als die Nachfragen von Nachbar(inne)n, Bekannten und Verwandten, wann denn der Sohn endlich einmal die „Uni-Zeit“ beendet habe, an Hartnäckigkeit kaum noch zu überbieten waren. Und zu guter Letzt möchte ich auch in der schriftlichen Fassung der Antrittsvorlesung noch einmal meiner Frau Sara von Herzen dafür danken, dass ihr Verständnis für meine Arbeit schier grenzenlos zu sein scheint. Mögen ihre mahnenden Worte am Abend, doch nun endlich dem Schreibtisch den Rücken zu kehren, noch lange mit derselben Liebenswürdigkeit formuliert werden, wie ich es in den vergangenen Jahren so häufig erleben durfte.

Diese persönlichen Anmerkungen rahmten seinerzeit die inhaltlichen Überlegungen der Antrittsvorlesung unter dem Titel „Pluralismus in der sozialwissenschaftlichen Bildung. Zur Relevanz eines politikdidaktischen Prinzips“, die nun mit mehr als einem Jahr Abstand zu Papier gebracht wurden. Zu Gunsten des besseren Leseflusses wurde das Manuskript für die vorliegende Veröffentlichung nicht nur von Verweisen auf Forschungsvorhaben befreit, sondern auch um theoretische Erläuterungen ergänzt, die – dem didaktischen Gebot der Adressatenorientierung folgend – im mündlichen Vortrag seinerzeit unerwähnt blieben. Nachfolgend soll die Frage adressiert werden, ob – und wenn ja, inwieweit – die sozialwissenschaftliche Bildung gegenwärtig hinsichtlich ihrer wissenschaftlichen Kultur, ihrer disziplinären Struktur sowie ihrer curricularen Verortung den Ansprüchen an eine pluralistische Grundhaltung genügt. Ausgehend von einigen basalen Überlegungen, die auf den Pluralismus als wissenschaftlichen Gegenentwurf zu dem in Wissenschaft und Öffentlichkeit vielfach praktizierten Monismus zielen, soll dargelegt werden, warum das für die politische Bildung bedeutsame Prinzip der Aufklärung ein pluralistisches Grundverständnis bezüglich sozialwissenschaftlicher Phänomene, Paradigmen und Prozesse voraussetzt.

Frankfurt a. M., im Sommer 2014

Tim Engartner

Inhalt

I. Merkmale einer pluralistischen Anspruchshaltung in Wissenschaft und Gesellschaft

Beinahe täglich missachten wir das für demokratische Gesellschaften konstitutive Prinzip des Pluralismus. So haben wir meist eine Tages- oder Wochenzeitung im Abonnement, deren Autor(inn)en unsere Weltsicht teilen, uns somit in unseren Ansichten bestärken oder diese zumindest nicht grundsätzlich in Frage stellen. Auch die von uns in Monatszeitschriften gelesenen Beiträge fußen nur selten auf Grundannahmen, die in diametralem Gegensatz zu unserer „Sicht der Dinge" stehen. Wer lässt sich schon gerne vom konservativen, liberalen oder linken Weg abbringen? Kaum jemand kauft montags die *FAZ,* dienstags die *taz,* mittwochs die *Welt* und donnerstags die *Junge Welt*. Nur ungern verlässt man den eingeschlagenen „Weg der Erkenntnis" – erst recht nicht am Frühstückstisch.

Ähnlich verhält es sich – wenngleich in abgeschwächter Form – in der Wissenschaft, insbesondere in den Sozialwissenschaften. Je länger und intensiver man sich ein Themengebiet erschlossen hat, desto geringer ist die Bereitschaft, von gewonnenen Einsichten und daraus abgeleiteten Urteilen abzurücken. Die Informationen fügen sich in vorgefertigte, oftmals durchaus fundierte Denkschemata und überstrahlen dabei solche, die bislang unbekannt waren (und es damit bleiben), obwohl sie einschlägig sind und es hinreichend bekannt ist, dass sich Richtigkeit und Bedeutsamkeit wissenschaftlicher Erkenntnisse in der Regel erst im Laufe der Zeit herauskristallisieren. Max Planck, der 1919 mit dem *Nobelpreis für Physik* und 1945 mit dem *Goethe-Preis* der Stadt Frankfurt a.M. ausgezeichnet wurde, hat in seine „Wissenschaftliche Selbstbiographie" eine bis heute gültige, von Resignation geprägte Einschätzung zum „Kampf mit dem Alten" einfließen lassen: „Eine neue wissenschaftliche Wahrheit pflegt sich nicht in der Weise durchzusetzen, daß ihre Gegner überzeugt werden und sich als belehrt erklären, sondern vielmehr dadurch, daß ihre Gegner allmählich aussterben und daß die heranwachsende Generation von vornherein mit der Wahrheit vertraut gemacht ist" (1948, 22).

Diesen den Erkenntnisfortschritt hemmenden Mechanismen steht der Pluralismus nicht nur als philosophisches Weltbild und wissenschaftliche Anspruchshaltung im Sinne eines „Erkenntnismodells" (*Spinner* 1974) gegenüber, sondern auch als bildungspolitischer Auftrag und fachdidaktisches Prinzip. Pluralismus zielt auf die bewusste und gewollte Koexistenz verschiedener Ansichten, Interessen und Lebensstile, weshalb dieses Konzept als eine Art Kodex der *scientific community* zu deuten ist: Demnach kann Wissenschaft nur durch These und Antithese unter Bedingungen der „Waffengleichheit" voranschreiten. Nicht ohne Grund war die Kultur der kontroversen Diskussion schon in der antiken Rhetorik und der mittelalterlichen Scholastik als Instrument der Entscheidungsfindung weit entwickelt, bevor sie in der Tradition des demokratischen Experimentalismus und unter den Vorzeichen der von Karl R. Popper typologisierten „offenen Gesellschaft“, in der „prinzipiell jede Idee zeitlich begrenzt gültig ist“ (*Seiler* 1992, 45), weiterentwickelt wurde.

Hannah Arendt hat die Verschiedenheit der Gesellschaftsmitglieder mit der ihr eigenen Präzision zur *conditio sine qua non* des Politischen erklärt: „Politik beruht auf [...] der Pluralität von Menschen“ (1993, 9). Demnach sei das Politische nicht nur in totalitären Gesellschaften gefährdet, sondern auch dann, wenn die am demokratischen Gemeinwesen Beteiligten ihre Urteilsfähigkeit verlören. Sodann führt Arendt aus, „daß keiner glücklich genannt werden kann, der nicht an öffentlichen Angelegenheiten teilnimmt, daß niemand frei ist, der nicht aus Erfahrung weiß, was öffentliche Freiheit ist, und daß niemand frei oder glücklich ist, der keine Macht hat, nämlich keinen Anteil an öffentlicher Macht“ (1994, 326 f.). In letzter Konsequenz bedeutet dies, dass die Fähigkeit zur geistigen Offenheit im Einklang mit dem vor 70 Jahren durch den französischen Maler Francis Picabia geprägten Bonmot „Unser Kopf ist rund, damit das Denken die Richtung wechseln kann“ als konstitutives Merkmal eines an demokratischen Grundsätzen ausgerichteten Gemeinwesens gelten muss.

Selbst im Katholizismus sind die Zeiten überwunden, in denen ein einfaches *nihil obstat* – „Es steht nichts entgegen“ – der kirchlichen Gutachter ausreichte, um ein Werk als einzige und letzte Wahrheit zu klassifizieren und den Hoffnungsstrahl der Aufklärung im Keim zu ersticken. Diese Offenheit hat uns nicht nur den von Nikolaus Kopernikus und Galileo Galilei eingeleiteten bahnbrechenden Wandel vom geo- zum heliozentrischen Weltbild beschert, sondern lehrt uns zugleich, dass es für den Schulunterricht ebenso wie für die Arbeit an Hochschulen und Studienseminaren unverzichtbar ist, regelmäßig einen der einflussreichsten europäischen Aufklärer in Erinnerung zu rufen. Es war Voltaire, dem eine bis heute gültige, für jeden Rechtsstaat konstitutive und dennoch regelmäßig missachtete Erklärung zugeschrieben wird: „Du bist anderer Meinung als ich, aber ich werde dein Recht, sie äußern zu dürfen, mit meinem Leben verteidigen."

Als Minimalkonsens verlangt der Pluralismus die Übereinstimmung der Beteiligten bezüglich ihrer Nicht-Übereinstimmung, weshalb der intendierte Konsens nicht selten in der Kurzformel *agree to disagree* gefasst wird. Als ein weiteres konstitutives Merkmal des Pluralismus wird gemeinhin angesehen, dass neben das Lernen das „Verlernen" als Fähigkeit tritt, d. h. die Preisgabe bislang propagierter Anschauungen, denn in der Tat besteht die Schwierigkeit häufig eher darin, alte Ideen hinter sich zu lassen als neue zu formulieren. Während inter- und transdisziplinäre Forschungsvorhaben insbesondere in den Sozialwissenschaften seit einigen Jahren an Relevanz und Akzeptanz gewinnen, mangelt es bis heute an einer breit angelegten Debatte über die Notwendigkeit, den Blick über den Tellerrand zu richten, um sich innerhalb der *eigenen Disziplin* gegenläufigen Auffassungen zum *selben Thema* zu stellen (vgl. *Engartner* 2008 u. 2009). Der aus dem römischen Recht stammende, heutzutage in allen modernen Rechtsordnungen verankerte Grundsatz *audiatur et altera pars* sollte – so die Argumentationslinie im Folgenden –

gerade mit Blick auf die sozialwissenschaftliche Bildung als „Anspruchsgrundlage“ gedeutet werden.

II. Theorien-, Paradigmen- und Wertevielfalt in der sozialwissenschaftlichen Bildung

Davon ausgehend, dass gerade die sozialwissenschaftliche Bildung auf die Charakteristika des Pluralismus verpflichtet ist, muss diese nach ihrem didaktischen, methodischen und curricularen Selbstverständnis stets die Diversität von Motiven, Wertvorstellungen, Lebensformen und Gesellschaftstheorien widerspiegeln. Demnach kann sich Pluralismus in der sozialwissenschaftlichen Bildung – verstanden als eine Haltung, die die Legitimität konkurrierender Ideen, alternativer methodologischer Zugänge und unterschiedlicher disziplinärer Interpretationen anerkennt – nur im Zusammenspiel der verschiedenen sozialwissenschaftlichen Teildisziplinen entwickeln. Welches aber sind die Vorzüge einer von Pluralismus geprägten sozialwissenschaftlichen Bildung? Worin liegen die Risiken monistischer Deutungsmuster? Weshalb droht der pluralistische Charakter sozialwissenschaftlicher Bildung verloren zu gehen, wenn die Trias der vormals gleichberechtigten Disziplinen Politik, Ökonomie und Soziologie innerhalb der sozialwissenschaftlichen Integrationsfächer „Politik und Wirtschaft“, „Gemeinschaftskunde“, „Sozialwissenschaften“ etc. immer weiter in Richtung ökonomischer Bildung verschoben wird? Und warum birgt die ausschließlich wirtschaftswissenschaftliche Fundierung ökonomischer Bildung die Gefahr von Monoperspektivität – und damit von Monismus?

Auf diese und benachbarte Fragen sollen die nachfolgenden Ausführungen Antworten geben. Damit soll nicht nur eine normative Grundlegung pluralistischer Prinzipien für die sozialwissenschaftliche Bildung erfolgen, sondern zugleich der von zahlreichen Wirtschaftsverbänden, Industrie- und Handelskammern sowie Unternehmensstiftungen artikulierten Forderung begegnet werden, wonach die ökonomische Bildung in einem Separatfach „Wirtschaft" beheimatet sein müsse. Unterstützt von Vertreter(inne)n der orthodoxen Wirtschaftsdidaktik gehen sie – *cum grano salis* – davon aus, dass die gegenseitige Befruchtung der sozialwissenschaftlichen Teildisziplinen zur Sterilisation der jeweiligen Einzeldisziplinen führe. Mit dieser Haltung wird negiert, dass gesellschaftliche Herausforderungen nach gesellschaftswissenschaftlichen Antworten verlangen, für die es auf die unterschiedlichen Theorien, Paradigmen und Werte der sozialwissenschaftlichen Teildisziplinen – namentlich: Politologie, Ökonomie und Soziologie – zurückzugreifen gilt. Kurzum: Nur ein auf Multidisziplinarität ausgerichtetes Unterrichtsfach kann die mit den Prinzipien des Pluralismus einhergehenden didaktischen Leitideen einlösen.

Die Prinzipien des Pluralismus zu verkennen, hieße nicht nur, die Berufsethik sozialwissenschaftlicher Bildner/innen zu missachten, sondern auch, der sozialwissenschaftlichen Theorien-, Paradigmen- und Wertevielfalt den Boden zu entziehen. Wenngleich die Verschiedenartigkeit disziplinärer Zugänge lediglich als notwendige und nicht als hinreichende Bedingung für die Wahrung pluralistischer Prinzipien erachtet werden kann, ist disziplinäre Vielfalt doch unabdingbar, um der „Gleichförmigkeit“ des Denkens innerhalb der Sozialwissenschaften entgegenzuwirken. Multidisziplinarität lässt sich systematisch aus der Grundannahme des Pluralismus ableiten, wonach die „Wirklichkeit nicht als ein einziges Ganzes beschrieben werden kann, sondern vielmehr aus (unüberschaubar) vielen einzelnen Fakten, Dingen, Ideen besteht, die in sehr unterschiedlicher Weise zueinander in Beziehung stehen bzw. gesetzt werden können. [...] Vielfalt und die partiellen Beziehungen zwischen den Teilen sind daher Ausgangspunkt und Grundbedingung menschlichen Erkennens und Handelns“ (*Schubert/Klein* 2011, 225). Selbiges gilt für die inhaltliche, methodische und curriculare Konstitution einer auf Pluralismus zielenden sozialwissenschaftlichen Bildung (vgl. weiterführend: *Opp* 2006).

Bevor sich die sozialwissenschaftlichen Didaktiken in jüngerer Vergangenheit zu eigenständigen Disziplinen mit Brückenköpfen in Richtung Pädagogik und Psychologie entwickelten, orientierten sie sich – zumindest in den lehrbezogenen Dimensionen – lange Zeit nahezu ausschließlich an den Fachwissenschaften und betrieben sogenannte „Abbilddidaktik“. Deutet man diesen negativ konnotierten Begriff kritisch-konstruktiv, kommt darin zum Ausdruck, dass Unterricht sich nicht in der didaktischen Reduktion der für die jeweilige Disziplin bedeutsamen Inhalte erschöpfen darf, sondern auf die Lebenssituationen der Schüler/innen zielen muss (vgl. auch *Weber* 2004; *Steinmann* 2008, 74 ff.). Davon ausgehend, dass gerade junge Menschen die gesellschaftliche Wirklichkeit nicht entlang von Disziplinen, sondern als soziale Entität wahrnehmen, rechtfertigt diese interdisziplinäre Wahrnehmung der Welt nicht nur einen multidisziplinären Zugang, sondern lässt ihn geradezu zwangsläufig erscheinen. Wer kritisch mit disziplinär spezialisiertem Wissen umgehen lernen soll, muss die unterschiedlichen disziplinären Perspektiven vergleichen, situationsbezogen nutzen und verständlich darstellen können.

Die Annahme, dass eine Wissenschaft, die ihre normativen und paradigmatischen Grundlagen nicht mehr reflektiert, keine Wissenschaft im strengen Sinne des Wortes darstellt, lässt sich auf die (sozialwissenschaftlichen) Fachdidaktiken übertragen. Soll die sozialwissenschaftliche Bildung aus dem langen Schatten der sozialwissenschaftlichen Teildisziplinen heraustreten und dem Gebot des Pluralismus Rechnung tragen, muss sie Positionen vermitteln, die sich nicht einseitig der „Fürsprache des Marktes" verschreiben, sondern zugleich die Grammatik einer Gesellschaft deuten und deren politische Konstitution analysieren, explizieren und kommentieren. Als notwendig erscheint die Perspektivenerweiterung vor allem dann, wenn mit Sorge betrachtet wird, dass ökonomische Rationalitäten immer mehr Lebensbereiche erfassen, die vormals als originär privat und/oder politisch gestaltbar galten. Selbst etablierte Ökonomen wie Thomas Straubhaar, Direktor des *Hamburgischen WeltWirtschaftsInstituts*, plädieren für ein „Ende des ökonomischen Imperialismus", geißeln mit Blick auf die Wirtschaftswissenschaften das „Denken in Schulen [als] eine Art Kastensystem", drängen in reflektierender Absicht auf die wissenschaftliche Kooperation „mit Historikern, Psychologen und Soziologen" und fordern eine grundlegende „Erneuerung der Lehre"

(2012). Daraus folgt, dass den nach wie vor dominanten Denkansätzen der neoklassischen Standardökonomie, wonach Arbeits-, Güter- und Heiratsmarkt modelltheoretisch weitestgehend nach denselben Mechanismen funktionieren, auch im Unterricht politische, gesellschaftliche, rechtliche und historische Denkansätze entgegengestellt werden müssen.

Während diese Überlegungen in die Lehrpläne und Rahmenrichtlinien für die Unterrichtsfächer „Politik", „Politik und Wirtschaft", „Sozialwissenschaften", „Sozial-" und „Gemeinschaftskunde" Eingang gefunden haben, kommt die Darstellung konfligierender Interessen im Schulunterricht häufig zu kurz. Damit wird nicht nur verkannt, dass (verbalisierte) Meinungsverschiedenheiten ein konstitutives Merkmal pluralistischer Gesellschaften sind und immer wieder als Motor sozialen Wandels wirken, sondern auch, dass die Kontroversität als didaktisches Leitprinzip eine Jahrhunderte alte Tradition hat (vgl. *Cremer/Schiele* 1992; *Reinhardt* 1992; *Grammes* 2005, 127). Insofern entspringt das didaktische Prinzip der Kontroversität einem normativ aufgeladenen Pluralismus, der als tragende Säule der Demokratie einem „fehlerfreundlichen", d. h. reversiblen kollektiven Lernprozess den Weg ebnen soll. Aus diesem auch gesamtgesellschaftlich weitgehend akzeptierten prozeduralen Wertekonsens lässt sich für den sozialwissenschaftlichen Unterricht ableiten, dass dort stets auch alternative Theorieansätze zur Geltung gebracht werden müssen. Sozialwissenschaftliche Bildung verlangt daher „die Einübung in kontroverses Denken und in diskursive Kommunikation – die selbstverständlich im wissenschaftlichen Konsens münden kann – und damit den

Verzicht auf eine Immunisierung der eigenen Position und eine deterministische Weltsicht“ (*Hedtke* 2002, 175).

III. Universeller und universitärer Stellenwert pluralistischer Prinzipien

Davon ausgehend, dass Sprache das Denken bestimmt, sollte die kontroverse Debatte ihren Ausgangspunkt bereits in der Dekonstruktion sozialwissenschaftlicher Schlüsselbegriffe finden, indem deren semantische Pluralität ergründet wird. Nicht selten verbergen sich hinter (einst) positiv konnotierten Substantiven faktisch negative Attributionen: Mit „Freisetzungen“ werden Entlassungen umschrieben. Und anders als es das Wort „Reform“ suggeriert, gehen mit Bildungs-, Renten- und Steuerreformen nicht notwendigerweise Verbesserungen für die Mehrheit der Menschen einher. Die 2002 zum Unwort des Jahres gekürte Chiffre „Ich-AG“ stellt nicht nur die semantische Konkretisierung eines Verfalls solidarischer Bindungen dar, sondern bildet darüber hinaus die euphemistische Aufwertung der wirtschaftlich Schwächsten zu einem „Aktienpaket“ ab. Auch der Bedeutungswandel, dem der für die soziale Kohäsion unverzichtbare Begriff der Gerechtigkeit unterliegt, hat die Ver- und nicht die Aufklärung zum Ziel: So wurde der dominierende Gerechtigkeitsbegriff in mehrfacher Hinsicht modifiziert. „Sein Inhalt verschob sich von der Bedarfs- zur ‚Leistungsgerechtigkeit‘, von der Verteilungs- zur ‚Beteiligungsgerechtigkeit‘ und von der sozialen zur ‚Generationengerechtigkeit‘“ (*Butterwegge* 2006, 117). Begriffe wie „Eigenverantwortung“, „Freisetzung“, „Modernisierung“ und „Reform“

eint nicht nur ihre oberflächlich wahrgenommene positive Konnotation, sondern auch die Tatsache, dass sie häufig ahnungs-, bedenken- und kritiklos wiederholt werden. Eine auf Pluralität zielende sozialwissenschaftliche Bildung muss für diesen „Orwellschen Neusprech" sensibilisieren, um derartige Bedeutungsverschiebungen der (latent) interessierten Öffentlichkeit gewahr werden zu lassen. Mit Blick auf den schulischen Kontext bietet sich ein fächerübergreifender und damit multidisziplinärer Zugang über die Unterrichtsfächer Deutsch, Ethik, Religion, Geschichte sowie die traditionellen sozialwissenschaftlichen („Bindestrich"-)Fächer an.

Auf den ersten Blick wirkt es erstaunlich, dass trotz der Konjunktur begrifflicher Neuschöpfungen und Interpretationen aus dem weiten Feld der Ökonomie ein semantisches Sinnieren über derartige Begrifflichkeiten innerhalb der Betriebs- oder Volkswirtschaft bis zum heutigen Tag kaum stattfindet. Man denke nur an den in der zweiten Hälfte der 1950er-Jahre von Gary S. Becker und Theodore W. Schulz geprägten Begriff des „Humankapitals", in dem die *Sprachkritische Aktion Unwort des Jahres* 2004 eine Deformation des Bildungsbegriffs erkannte, weil das Wort Menschen zu allein ökonomisch interessanten Größen degradiere. Derartige Leerstellen klaffen aufgrund der nach wie vor engen Orientierung der orthodoxen ökonomischen Bildung an den Wirtschaftswissenschaften auch im Ökonomieunterricht.

Wie wenig die Mainstreamökonomie auf Selbstreflexion bedacht ist, lässt sich auch daran ablesen, dass die Studienordnungen an wirtschaftswissenschaftlichen Fakultäten selbst im Schatten der Wirtschafts- und Finanzmarktkrise 2007 ff. nur selten um (obligatorische) Lehrveranstaltungen ergänzt wurden, die Aspekte der Finanzmarktregulierung thematisieren, Verfehlungen der auf Kurzfristig- bzw. Kurzsichtigkeit angelegten Anreizsystematik im Bankgeschäft eruieren oder Krisensymptome des (Finanzmarkt-) Kapitalismus unter Bezugnahme auf die Polarisierung von Einkommen und Vermögen diskutieren. Bezeichnenderweise kommt der „Semifiktion" *homo oeconomicus* auch gegenwärtig noch in wirtschaftswissenschaftlichen Lehrveranstaltungen – zumindest in solchen mit Einführungscharakter – unverändert eine herausragende Bedeutung zu, obwohl die wissenschaftstheoretische Inkonsistenz, die mangelnde empirische Validität und die damit verbundene eingeschränkte Prognosefähigkeit des egoistischen „Permanentkalkulators" (*Schlösser* 2007, 69) längst erwiesen ist. Obschon in zahlreichen (ökonomischen) Experimenten nachgewiesen werden konnte, dass soziale, kulturelle und politische Präferenzen Menschen selbst in ökonomisch geprägten Lebenssituationen entscheidend beeinflussen, hält die orthodoxe Wirtschaftsdidaktik unverändert an der Trivialanthropologie des *homo oeconomicus* fest. So wird unter Bezugnahme auf dieses Menschenbild z. B. verkannt, dass Menschen aufgrund einer ausgeprägten Ungleichheitsaversion sehr häufig die Bereitschaft zeigen, materielle Verluste einzugehen, um eine egalitäre Verteilung herzustellen (*Fehr*/*Schmidt* 2005). Ungeachtet ihres eigenen materiellen Vorteils erwidern sie regelmäßig kooperatives und sanktionieren unkooperatives Verhalten (*Falk* 2003). Gerade in sozial verdichteten

Kontexten folgen wir der Norm der Reziprozität – etwa wenn wir in einer Gaststätte eine Runde Getränke spendieren, weil die anderen Mitglieder am Tresen es uns gleichgetan haben.

Die von der neoklassischen Standardökonomie geprägte Simplifizierung gesellschaftlicher Realitäten führt nicht nur mit Blick auf die Modellbildung zu einer unzulässigen Reduktion von Pluralität, sondern insbesondere auch hinsichtlich der sozialen Kontexte, in denen wir uns bewegen. Die Bedeutung von Kontroversen haben Ökonomiestudierende französischer Universitäten in einem am 21. Juni 2000 in der Tageszeitung *Le Monde* veröffentlichten Manifest unter dem Titel „Kein Platz für Reflexionen" verdeutlicht, als sie die Abkehr von einer monoparadigmatischen Ausrichtung der Lehrbuchökonomie verlangten: „Von all den vorhandenen Zugängen präsentiert man uns im Allgemeinen nur einen einzigen, [...] so als ob es sich um die ökonomische Wahrheit handele. Wir akzeptieren diesen Dogmatismus nicht. Wir wollen einen Pluralismus der Erklärungen, der der Komplexität der Gegenstände und der Unsicherheit, die über den meisten großen Fragen der Ökonomik (Arbeitslosigkeit, Ungleichheit ...) schwebt, angemessen ist" (zitiert nach: *Hedtke* 2002, 173). Mit ähnlichen Forderungen traten 2007 Studierende der *University of Notre Dame* und 2014 die *International Student Initiative for Pluralism in Economics* an die Öffentlichkeit (vgl. *Reardon* 2009, 3).

Geht man davon aus, dass sich Monokulturen nicht nur in der Landwirtschaft als ausgesprochen anfällig erweisen, stellt sich die Frage, welches Maß an Pluralismus in der Wissenschaft gelten soll – zumal vor dem Hintergrund einer Dichotomie, die sich bei einer strengen Bipolarität als unauflösbar erweist: Driftet die Wissensevolution zu weit in Richtung „Offenheit", ergibt sich kein Erkenntnisfortschritt, weil alles und nichts gilt. Driftet sie zu weit in Richtung „Geschlossenheit", ist kein Erkenntnisfortschritt zu erwarten, weil jede Neuerung durch die herrschenden Dogmen unterdrückt wird. In einer von Monismus geprägten Wissenschaftskultur steuert Wissenschaft jedoch auf den Pol der Reproduktion einer geschlossenen, Paradigmen fortschreibenden und Wissen homogenisierenden Statushierarchie zu. Die „Verarmung" von Wissen ist die geradezu zwangsläufige Konsequenz, zumal die einer pluralistischen Wissenschaftskultur zuwiderlaufenden Homogenisierungstendenzen durch die neue „Wissenschaftsarchitektur", die Richard Münch unter dem Titel „Akademischer Kapitalismus. Über die politische Ökonomie der Hochschulreform" (2011) charakterisiert hat, begünstigt werden. So entfaltet z. B. die Erwartungshaltung der *scientific communities,* in anglo-amerikanischen Fachzeitschriften zu publizieren – bestenfalls in *high impact journals,* die von dem US-amerikanisch dominierten *Social Science Citation Index* als „A-Journals" klassifiziert werden – einen Konformitätsdruck mit den dort vorherrschenden paradigmatischen und methodologischen Vorgaben. Erhöht wird der sich mit dem pluralistischen Anspruch beißende „Harmonisierungsdruck" dadurch, dass der wissenschafts*interne* Wettbewerb um Qualität immer mehr durch den wissenschafts*externen* Wettbewerb um Sichtbarkeit durch Evaluations- und Drittmittelerfolge kolonisiert wird (vgl. weiterführend: *Engartner* 2012).

IV. Multidisziplinarität statt disziplinistischer Strukturen

Eine Gesellschaft, in der ökonomische (Schein-) Rationalitäten immer mehr Lebensbereiche erfassen, braucht eine distanzierte, emanzipierte und damit multidisziplinäre Perspektive. Allein im Kontext wirtschaftswissenschaftlicher Erklärungsmuster kann z. B. der in immer mehr Bereiche der öffentlichen Daseinsvorsorge Einzug haltende „betriebswirtschaftliche Imperialismus" (*Negt* 2003) keine sachgerechte Beurteilung erfahren. Um den emanzipatorischen Anspruch von Bildung einzulösen, bedarf es eines multidisziplinären Zugangs, da die sozialwissenschaftlichen Teildisziplinen – insbesondere die Ökonomie – andernfalls Gefahr laufen, sich in ihrem selbstreferentiellen System zu verlieren. Die drei nachfolgend beleuchteten Kategorien sozialwissenschaftlicher Bildung – (a) Markt, (b) Geld und (c) Wettbewerb – sollen beispielhaft verdeutlichen, warum ein disziplinistischer Monismus vermieden werden sowie eine interdisziplinäre und damit multiperspektivische Explikationskultur im sozialwissenschaftlichen Unterricht Platz greifen sollte.

(a) Die Institution des Marktes, dem in einer zunehmend „vermarktlichten" Gesellschaft eine durchgreifende Prägekraft attestiert werden muss, lässt sich in allgemeinbildender Absicht nur dann sachgerecht erschließen, wenn die „Selbstheilungskräfte" des Marktes analysiert, die „unsichtbare Hand" des Marktes eruiert, die Anfälligkeit von Marktmodellen diskutiert und die Mär von der Allmacht des Marktes dechiffriert wird. Die Paradoxien der Privatisierung als besonders weitreichender Form der „Vermarktlichung“ werden etwa daran offenkundig, dass in der britischen Hauptstadt London Tag für Tag rund 915 Mio. Liter Trinkwasser im Erdreich versickern. Die Wassermenge, die ausreichen würde, um 366 olympische Schwimmbecken zu füllen, lässt das Marktversagen insofern deutlich werden, als für die Privatinvestoren kein Anreiz besteht, in die maroden Rohre aus viktorianischer Zeit zu investieren.

Dass die auf ökonomische Erklärungsmuster ausgerichtete Marktanalyse gerade im pädagogischen Kontext unzulässig verkürzt, lässt sich besonders deutlich am „Heiratsmarkt“ ablesen. Wollen wir uns im schulischen Kontext etwa auf den Hinweis beschränken, dass auf diesem Markt ein breiter Eigenschaftsraum auf Seiten der Partnerin oder des Partners akzeptiert wird, da der „Heiratsmarkt“ von hohen Suchkosten und unvollständiger Information gekennzeichnet ist? Hinweise, dass Investitionen in ehespezifisches Kapital wie gemeinsames Wohneigentum und gemeinsame Kinder Ehen festigen, da die Investitionen nicht problemlos auf alternative Beziehungen übertragbar sind, mögen für den unterrichtlichen Kontext interessant sein. Für eine romantische und soziale Prägung der Institution Ehe müssen wir jedoch einen allgemein- und persönlichkeitsbildenden Ansatz verfolgen, damit Heiratsanträge nicht eines Tages – ironisch überspitzt – wie folgt formuliert werden: „Meine Liebste, im Lichte aller verfügbaren Alternativen bist Du diejenige mit den niedrigsten Opportunitätskosten. Ich betrachte die bislang getätigten Investitionen als Gewinn und nicht als *sunk costs*. Vor diesem Hintergrund möchte ich Dich fragen, ob Du meine Frau werden willst." Auch für andere Märkte gilt, dass Effizienz nicht zum alleinigen Bezugspunkt sozialwissenschaftlicher Bildung erklärt werden darf, sondern sozialwissenschaftliche Perspektiven eingenommen werden müssen: Welche historischen Entwicklungslinien kennzeichnen Märkte? Welchen Ordnungsrahmen benötigen Märkte? Warum müssen Märkte als „Arenen sozialen Handelns" verstanden werden? Kurzum: Wer den „Heiratsmarkt" – oder aber auch den „Bildungsmarkt" – als einen Markt wie jeden anderen ausschließlich mit der ökonomischen Brille betrachtet, ist nicht ökonomisch gebildet, sondern ökonomistisch verbildet.

(b) Greift man die Kategorie „Geld" als wesentliche Sozialtechnik der modernen Welt heraus, so lässt sich feststellen, dass das Thema zwar bundesweit in 39 Unterrichtsfächern verankert ist (*Gerding/Kutzin/Struller* 2014), in denen Schüler(inne)n vermittelt wird, wie Geld erworben, verwaltet und vermehrt wird. Die curriculare Verortung in der Sekundarstufe I lässt jedoch erkennen, dass die „monetäre Kompetenz" von Kindern sich nach wie vor weitgehend auf den anwendungsorientierten Umgang mit Geld beschränken soll. „Soziale Räume, in denen sie handlungsentlastet darüber reflektieren, was sie mit Geld machen und was Geld mit ihnen macht, fehlen" (*Haubl* 2008, 10). Geld ist natürlich in erster Linie ein Tausch- und Zahlungsmittel, das der Wertbemessung, -aufbewahrung und -übertragung dient. Aber Mitglieder monetarisierter Gesellschaften erleben und gebrauchen Geld immer auch als ein Symbol, indem die ökonomische mit einer psychosozialen Bedeutung konfundiert wird: Geld bzw. Vermögen wird als Maßstab für den beruflichen Erfolg gewertet, verleiht Ansehen und gewährt gesellschaftlichen Einfluss. Um der Reduktion von Geld auf seinen materiellen Gebrauch zu begegnen, ist eine multiperspektivische Auseinandersetzung mit dem Thema zwingend erforderlich; andernfalls droht der diskursive Charakter für die unterrichtliche Umsetzung verloren zu gehen.

Im Gegensatz zu einer pädagogisch wie fachlich reduktionistischen Aufbereitungen der Thematik „Geld“ muss eine an pluralistischen Grundsätzen orientierte sozialwissenschaftliche Bildung in besonderer Weise Kritik an mit Geld verbundenen sozialen Phänomen üben, denn in der Tat kann man Franz Kern beipflichten, dem gemeinhin die folgende Feststellung zugeschrieben wird: „Immer mehr Menschen geben immer mehr Geld aus, das sie eigentlich gar nicht haben, um sich Dinge anzuschaffen, die sie eigentlich gar nicht brauchen, um denen zu imponieren, die sie eigentlich gar nicht mögen.“ Gerade in einer Zeit, in der viele Menschen von allem den Preis, aber von nur noch wenigem den Wert kennen, müssen Schüler/innen für das Thema „Geld“ auch dahingehend sensibilisiert werden, dass es unter Umständen selbst in unserer von materiellen Werten geprägten Welt nicht so sehr darauf ankommt, wie viel man hat, sondern wie viel Freude man daran hat. Dessen ungeachtet bedarf es vor dem Hintergrund der Tatsache, dass die Reichen immer reicher und die Armen immer zahlreicher werden, einer gezielten Auseinandersetzung mit der sich seit Jahren verschärfenden Spaltung der Gesellschaft. So offenbart der jüngste *Global Wealth Report,* dass die 85 reichsten Menschen der Welt über dasselbe Vermögen verfügen wie die ärmere Hälfte der Weltbevölkerung (*Oxfam* 2013, 2). Um die ungleiche Verteilung der Einkommen und Vermögen im nationalen und globalen Maßstab beurteilen zu können, braucht es Impulse aus der politischen Bildung, die auf Möglichkeiten staatlicher Umverteilung zielen, sowie Argumente aus der soziologischen Bildung, um Aspekte der sozialen Spaltung – etwa über die unterrichtliche Behandlung des Gini-Koeffizienten – zu fokussieren.

(c) Entscheidende Bedeutung kommt darüber hinaus dem Phänomen des Wettbewerbs zu, welcher als Schlüsselkategorie sozialwissenschaftlicher Bildung zu begreifen ist. So reichen die Zuschreibungen der Gesellschaft von der Arbeits-, Industrie- und Wissensgesellschaft über die Konsum-, Medien- und Freizeitgesellschaft bis hin zu der von Ulrich Beck im Jahre 1986 eindrucksvoll skizzierten Risikogesellschaft. Aber so verschieden und teilweise widersprüchlich die Diagnosen der zeitgenössischen gesellschaftlichen Strukturen sein mögen, so trifft doch auch eine weitere Zuschreibung unzweifelhaft zu: Wir leben in einer Wettbewerbsgesellschaft, in einem auf Wettbewerb angelegten Wirtschafts- und Sozialsystem. So hat sich der Wohlfahrtsstaat kontinentaleuropäischer Prägung in Richtung des Wettbewerbsstaates anglo-amerikanischer Prägung gewandelt (vgl. weiterführend *Engartner* 2013). Während Wettbewerb aus der ökonomischen Perspektive als „Entdeckungsverfahren" (*Hayek* 1969, 254) sowie als „Prozess schöpferischer Zerstörung" (*Schumpeter* 1993 [1942], 137) zu deuten ist, muss im sozialwissenschaftlich ausgerichteten Unterricht auch nach den mit diesem Koordinationsmechanismus verbundenen ökonomischen, politischen und gesellschaftlichen Instabilitäten gefragt werden: Ist es wirklich so, dass diejenigen belohnt werden, die im Wettbewerb die bessere Leistung erbringen? Ist ein permanenter Wettkampf auf allen Ebenen und in allen Bereichen – zwischen Bürger(inne)n, Kommunen und Staaten – wirklich erstrebenswert, oder müssen wir dort einen ruinösen Wettbewerb fürchten? Wollen wir eine Konkurrenzgesellschaft, die den Leistungsdruck immer weiter verschärft und damit Egoismus befördert, während wir uns gleichzeitig über den Verfall von Anstand, Sitte und Moral wundern? Sozialwissenschaftliche Bildung muss daher – dem Gebot des Pluralismus folgend – auch verdeutlichen, dass in einem wettbewerblich organisierten System die Gewinne des einen notwendigerweise die Verluste des anderen darstellen.

Die multidisziplinäre Deutung der Kategorien „Markt", „Geld" und „Wettbewerb" verdeutlicht, dass ökonomische Deutungsmuster häufig zu kurz greifen – und die sozialwissenschaftliche Bildungstradition mit ihren integrativ angelegten Verbundfächern ihren pluralistischen Anspruch aufzugeben droht, wenn die im letzten Jahrzehnt initiierte mediale und curriculare Aufwertung der ökonomischen Bildung weiter voranschreitet. In einer Zeit, in der immer mehr Gesellschaftsbereiche nach dem Vorbild des Marktes geordnet werden, ist eine vertiefte Auseinandersetzung mit dessen (Dys-)Funktionalitäten nicht nur sinnvoll, sondern zwingend geboten. Denn wenn alle fünf Sekunden ein Kind an Hunger oder an dessen unmittelbaren Folgen stirbt, kann es nicht ausreichen, Marktasymmetrien unter Bezugnahme auf den Agrarsektor zu beleuchten, sprich: die wirtschaftswissenschaftlichen

Erklärungsmuster zum Maßstab der unterrichtlichen Bearbeitung zu machen. Und solange Menschen in den Favelas von Rio de Janeiro, in den Townships von Kapstadt und in den Kanisterstädten von Karatschi leben, kann die unterrichtliche Behandlung nicht auf makroökonomische Perspektiven für die betroffenen Staaten verkürzt werden, sondern muss auch das soziale Gewissen der Schüler/innen aktivieren – und daher über die Vermittlung der Marktlogik hinausgehen.

Zugleich muss deutlich(er) herausgestellt werden, dass wirtschaftswissenschaftliche Erklärungsansätze auf viele Fragen keine befriedigenden Antworten geben: Welchen Wert haben sozialstaatliche Grundsätze wie die Gleichwertigkeit der Lebensverhältnisse oder die Chancen- und Verteilungsgerechtigkeit? Nach welchen Kriterien sollen institutionelle Arrangements wie Demokratie, Mitbestimmung oder Minderheitenschutz beurteilt werden? Warum ist das Vertrauen der Bevölkerung in Verwaltung und Gerichtsbarkeit eine staatsrelevante Größe? Antworten auf derartige Fragen entziehen sich effizienztheoretischen Bewertungen, verlangen infolgedessen geradezu nach einer politischen, soziologischen, ethischen und/oder normativen Einschätzung. Ein Ökonom, der neben der Wachstumsfrage nicht auch die Verteilungsfrage stellt, ist wie ein Geograph, der sich nur um die Längen-, nicht aber um die Breitengrade kümmert. Unter dem Dach der sozialwissenschaftlichen Bildung müssen auch solche Positionen vermittelt werden, die der neoklassischen Standardökonomie Argumente entgegensetzen, was wiederum Multidisziplinarität voraussetzt. Letztlich gilt es, den von John M. Keynes formulierten Anspruch einzulösen, wonach jeder Ökonom bis zu einem gewissen Grad auch Mathematiker, Historiker und Philosoph sein sollte. Dieser Anspruch des großen Ökonomen kann nur in einem sozialwissenschaftlichen Integrationsfach eingelöst werden.

V. Arbeitsweltorientierung im Interesse der Mehrheit statt *Entrepreneurship Education* im Dienste der Minderheit

Besonders eindrücklich lässt sich die Preisgabe des pluralistischen Grundanspruchs an der aus der *Entrepreneurship Education* stammenden Losung „Unternehmergeist in die Schulen" ablesen, die als überwiegend funktionalistisch, inhaltlich fragwürdig und curricular defizitär kritisiert werden muss, jedoch seit einiger Zeit mit durchschlagendem Erfolg in den sozialwissenschaftlichen Unterricht Einzug hält (vgl. *Engartner* 2014). So hat die orthodoxe Wirtschaftsdidaktik im Schulterschluss mit unternehmerischen Interessenverbänden die Wirtschaftswissenschaften zur alleinig relevanten Bezugsdisziplin erklärt, um z. B. die Berufswahlentscheidung normativ zu formatieren – „als rationale, Kosten und Nutzen abwägende Wahlentscheidung zwischen Alternativen, die dem Muster einer Investitionsentscheidung in die Entwicklung des eigenen Humankapitals und dessen Renditeträchtigkeit folgt" (*Hedtke* 2013, 52).

Während bis in die 1980er-Jahre hinein ein sozialwissenschaftlicher Zugang gewählt wurde, um die Humanisierung und Demokratisierung der Arbeit aus der Arbeitnehmerperspektive zu beleuchten, sieht sich diese in der Tradition der Arbeitslehre stehende Analyse, Deutung und Erkundung der Arbeitswelt seit einiger Zeit der Vereinnahmung durch Initiativen wie *business@school, Schüler im Chefsessel, Gründerkids, Gründerwoche* oder *Junior – Schüler erleben Wirtschaft* ausgesetzt, die mit der Gründung von Schülerfirmen das betriebswirtschaftliche Denken zum Ausgangs- und Endpunkt von auf die Arbeitswelt gerichteten Lehr-/Lernprozessen erklären – und damit einer sach- und lebensweltfremden Deutung arbeitsweltlicher Phänomene Vorschub leisten.

Eine Schwerpunktsetzung in Richtung der Arbeitnehmerrolle lässt sich – verkürzt formuliert – schon mit dem „Gesetz der Masse" begründen. So wird die überwältigende Mehrheit der Lernenden später in abhängiger Beschäftigung berufstätig sein. Wenn aber nur 4,5 Mio. der rund 40 Mio. Berufstätigen hierzulande selbstständig sind – viele noch dazu aus der Not heraus geboren –, dann darf nicht die Hälfte der Unterrichtszeit auf die Vermittlung des „unternehmerischen Selbst" entfallen, wo dann womöglich noch der Dosen und Flaschen sammelnde „Pfandpirat" als „Unternehmer seiner Selbst" bezeichnet wird. Letztlich müssen die Lernenden „die Grundstrukturen und Bestimmungsfaktoren erkennen, die die Interessenlagen in Wirtschaft und Gesellschaft bestimmen", um „ihre eigenen Bedürfnisse zu artikulieren, gleichgerichtete und gegensätzliche Interessen zu erkennen" und „ihre Interessen mit den gleichermaßen Betroffenen gegen vorhandene Widerstände durchzusetzen" (*Görs* 1975, 295). Mithin darf sich arbeitsweltorientierte Bildung nicht in bloßer Berufsorientierung erschöpfen, die auf einem die gesellschaftspolitische Bedeutung des Faktors „Arbeit" verkennenden Arbeitsbegriff basiert. Stattdessen muss ein gesellschaftstheoretischer Arbeitsbegriff, der gesamtgesellschaftliche Bedingungs- und Wirkungsfaktoren von Arbeit in den Mittelpunkt rückt, das definitorische Fundament bilden. Ein Arbeitsverständnis, das sich im konkreten beruflichen Handeln und damit im äußeren Erscheinungsbild von Arbeit erschöpft, greift zu kurz.

Nur eine multidisziplinäre sozialwissenschaftliche Bildung kann dem Anspruch gerecht werden, Schüler/innen zu politisch mündigen Bürger(inne)n zu erziehen, sodass Arbeit nicht ausschließlich instrumentell – und damit monistisch verkürzt – als Mittel zur Einkommenserzielung definiert wird (vgl. *Hippe* 2012, 295 f.). Der fortschreitenden „Ökonomisierung der Arbeitswelten", die mit der „Umformung der Beschäftigten zu ‚Arbeitskraftunternehmern'" verbunden ist, muss eine pluralistische sozialwissenschaftliche Bildung entgegengesetzt werden, die auf eine „alternative Perspektiven prüfende Urteilsbildung" abzielt (*Hedtke* 2013, 56). Nur so wird z. B. der Befähigung zur Selbst- und Mitbestimmung im beruflichen Kontext als zentralem Lernziel des politischen Sozialisationsprozesses Genüge getan. Kinder und Jugendliche müssen erkennen, dass die derzeitigen Arbeitswelten mitsamt ihrer Institutionen, Kulturen und Praktiken keine natürlichen Gegebenheiten darstellen, sondern historisch gewachsen, von Menschen gestaltet und damit politisch veränderbar sind.

Durch die Einbeziehung soziologischer Befunde kann zudem akzentuiert werden, dass Unsicherheiten am Arbeitsmarkt zum Signum unserer Zeit geworden sind, seitdem die vormals idealtypischen Berufsbiographien mit der „Dreiteilung“ in eine Ausbildungs-, Erwerbs- und Nacherwerbsphase in Frage gestellt und die auf Lebenszeit angelegte Erwerbstätigkeit nicht nur für An- und Ungelernte immer häufiger durch Beschäftigungsverhältnisse im „unstrukturierten Arbeitsmarkt“ ersetzt werden (vgl. *Beck* 1996; *Bosch* 2014). Die lange Zeit durch plakative Slogans wie „Einmal Daimler immer Daimler“ untermauerten geschlossenen Erwerbsbiographien zerfallen in einer historisch einmaligen Intensität: Atypische und prekäre Beschäftigungsverhältnisse, die sich sowohl in Kurz-, Zeit- und Leiharbeitsverhältnissen konkretisieren als auch Arbeitnehmer/innen zu Mini-, Midi- und Multijobbern haben werden lassen, verbreiten und verfestigen sich zunehmend. Aus der Not heraus geborene Ein-Personen-Selbstständigkeiten zählen inzwischen zum Standardrepertoire, genauso wie befristete Beschäftigungsverhältnisse, die mittlerweile jede zweite neue Anstellung ausmachen. Dieser Wandel der Beschäftigungsverhältnisse hat gemeinsam mit den gestiegenen Ansprüchen an den zeitlich und räumlich flexiblen Menschen zu einer bis in die Mitte der Gesellschaft reichenden Verunsicherung geführt (vgl. weiterführend: *Sennett* 1998). Diese neuen Unsicherheiten lassen sich aber nur mit der „Brille der politischen Bildung“ deutend verstehen. Schulische Lernprozesse müssen daher auf dem interdisziplinären Fundament der Sozialwissenschaften fußen, wenn eine ausschließlich ökonomische und damit monodisziplinäre Deutung arbeitsweltlicher Phänomene verhindert werden soll.

Während der Gegenstandsbereich „Arbeit“ in einem Separatfach „Wirtschaft“ auf die Optimierung der individuellen Arbeitsmarktchancen verkürzt zu werden droht, fokussieren sowohl die politische Bildung als auch die sie integrierenden sozialwissenschaftlichen Unterrichtsfächer die technologischen, historischen, rechtlichen sowie wirtschafts- und gesellschaftspolitischen Aspekte der modernen Arbeitswelt. Um den aufklärerischen Anspruch politischer Bildung einzulösen, muss die arbeitsweltorientierte Bildung die Licht- und Schattenseiten der Arbeitswelt verdeutlichen, indem sie z. B. nach den gesellschaftlichen Auswirkungen betrieblicher Entscheidungen fragt. Dabei dürfen die Lernenden nicht zu Objekten gesellschaftlicher Anforderungen degradiert, sondern müssen als künftige Subjekte der Arbeitswelt adressiert werden.

VI. Wer will was warum? Akteure und Interessen in der ökonomischen Bildung

In besonderer Weise sicht- und spürbar wird die Erosion der pluralistischen Perspektive in der ökonomischen Bildung (vgl. *Reardon* 2009; *Hedtke* 2012). Bezeichnenderweise haben sich in den vergangenen Jahren zahlreiche „Bildungs- und Lernpartnerschaften" etabliert, bei denen Schule und Wirtschaft eine mitunter intrikate Symbiose eingegangen sind. Weiß man um die für Lernprozesse bedeutsame Komplementarität von Erkenntnis und Erfahrung, ist deren symbiotische Dynamik kaum zu überschätzen. Wie weit die Überlegungen in Richtung einer gezielten Beeinflussung von Schüler(inne)n reichen, verdeutlichte schon der 1997 veröffentlichte Bericht der *Zukunftskommission Bayern-Sachsen,* der neben dem

Vorsitzenden Meinhard Miegel u. a. der ehemalige McKinsey-Chef Herbert Henzler und das einstige Vorstandsmitglied des Energiekonzerns VIAG, Georg Obermeier, angehörten (9): „[Die Lehrer/innen] müssen sich unternehmerischer verhalten, um mit Erfolg unternehmerische Verhaltensweisen vermitteln zu können." – „Das Leitbild der Zukunft [ist] der Mensch als Unternehmer seiner Arbeitskraft und Daseinsvorsorge." – „Deshalb [...] müssen künftig bei Schülern gezielt Eigenschaften wie Selbständigkeit, Verantwortungsbewusstsein, Eigeninitiative und Leistungsbereitschaft entwickelt werden."

Aus diesem Bildungsanspruch resultiert nicht nur ein verändertes (Miss-)Verhältnis zwischen Schule und Wirtschaft. Zugleich erwächst aus dieser „Liaison" eine Dominanz von Konzepten ökonomischer Bildung, die Ausprägungen lebensweltlich ableitbarer Multiperspektivität verkennen, indem sie das Separatfach „Wirtschaft" mit einer auf die Wirtschaftswissenschaften verkürzten disziplinistischen Struktur zur schulpolitischen Leitidee erklären. Unterstützt von Vertreter(inne)n der orthodoxen Wirtschaftsdidaktik fordern immer mehr Wirtschaftsverbände, Industrie- und Handelskammern, Privatunternehmen und finanzstarke Unternehmensstiftungen die Einführung eines eigenständigen Unterrichtsfachs „Wirtschaft" an allgemeinbildenden Schulen. Auch der *Gemeinschaftsausschuss der Gewerblichen Wirtschaft,* der die bildungspolitischen Interessen der *Bundesvereinigung der Deutschen Arbeitgeberverbände,* des *Bundesverbands deutscher Banken,* des *Bundesverbands der Deutschen Industrie,* des *Deutschen Industrie- und Handelskammertags* sowie weiterer Wirtschaftsverbände bündelt, propagiert die Auflösung der bestehenden sozialwissenschaftlichen Integrationsfächer zugunsten eines eigenständigen Unterrichtsfachs „Wirtschaft“, obwohl die Autoren des maßgeblichen Gutachtens einräumen, dass sich „die ökonomische Domäne [...] über den Gegenstandsbereich nicht präzise von anderen sozialwissenschaftlichen Domänen abgrenzen“ lasse (*Retzmann et al.* 2010, 16).

Die Forderungen der Unternehmensverbände zielen darauf, Schüler(inne)n während der Sekundarstufe I bis zu 80 Stunden Wirtschaftsunterricht pro Schuljahr anzubieten, obwohl dies zu einem eklatanten Missverhältnis zwischen Inhalten der politischen Bildung einerseits und solchen der ökonomischen Bildung andererseits führte: „Mit insgesamt 480 Unterrichtsstunden läge ‚Wirtschaft‘ dann um den Faktor 4 höher als Politik und umfasste ein Drittel mehr Stunden als die Fächer Geschichte, Erdkunde und Politik zusammen“ (*Hedtke/Uppenbrock* 2011, 27). In der Systematik von Stundentafeln gedacht, bedeutete die „Inthronisierung“ der ökonomischen Bildung in diesem Umfang unweigerlich die „Entthronung“ der politischen Bildung, sodass letztere eine weitere curriculare Entwertung erführe und dem monodisziplinären wirtschaftswissenschaftlichen Ansatz in diametralem Gegensatz zur pluralistischen sozialwissenschaftlichen Bildung der Weg geebnet würde.

Wohlwissend, dass ein in jungen Jahren erlangtes Weltbild besonders nachhaltig prägt, haben private Akteure in den vergangenen Jahren zahlreiche „Bildungs- und Lernpartnerschaften“ etabliert, die auf die unternehmerischen Wünsche zum Arbeitsverhalten wie z. B. Ordnungssinn, Pünktlichkeit, Zielstrebigkeit und Zuverlässigkeit zielen. Weitere Vorteile ergeben sich für die Unternehmen aus dem direkten Kontakt mit den Kund(inn)en von heute und morgen insofern, als dass durch den schulischen Kontext ein besonders nachhaltiger Effekt mit Blick auf die Imagepflege und die Werbemöglichkeiten zum Tragen kommt. Weder können sich die „Umworbenen" den unterrichtlich eingebetteten „Werbeveranstaltungen" entziehen noch wissen (unkritische) Schüler/innen den im Rahmen des Unterrichts vermittelten Eindruck von „Seriosität" und Neutralität der externen Expert(inn)en in jedem Einzelfall zu enttarnen.

Begünstigt wird die (Aus-)Nutzung von Schulen als Werbeflächen durch die Erosion der auf Forderungen von 1848 zurückgehenden Lernmittelfreiheit, was nicht nur die parteienübergreifend proklamierte Entkoppelung des Zugangs zu Bildung vom sozioökonomischen Status konterkariert, sondern zudem durch die Ausdehnung des Anschaffungsturnus von Schulbüchern in Zeiten klammer kommunaler Kassen befördert wird. Denn in Folge sinkender Schulbuchetats treten immer neue Anbieter von Unterrichtsmaterialien auf den „Bildungsmarkt", die diese Finanzierungslücken mit eigenen kostenlosen Angeboten zu schließen versprechen. Und obwohl Werbung in Schulen in den meisten Bundesländern verboten ist, lassen die einschlägigen Gesetze (zu) viele Spielräume. So heißt es zwar in § 99 des nordrhein-westfälischen Schulgesetzes vermeintlich eindeutig: „Werbung, die nicht schulischen Zwecken dient, [ist] in der Schule grundsätzlich unzulässig." Entscheidend ist dabei aber der Hinweis, dass das Schulministerium Ausnahmen benennen kann und es der Schulleitung obliegt zu definieren, wann Werbung schulische Zwecke erfüllt – und wann nicht. Dabei hat schon die im Rahmen der PISA-Studie 2006 durchgeführte Befragung von Schulleiter(inne)n ergeben, dass 87 Prozent der 15-jährigen Schüler/innen hierzulande eine Schule besuchen, an der nach Auskunft der Schulleitungen Industrie und Wirtschaft Einfluss auf die Lehrinhalte ausüben (*OECD* 2007, 293), was selbst im OECD-Vergleich an einen „Negativrekord" grenzt.

Weiß man, dass bei Kindern nur ein Viertel des bei Erwachsenen zu veranschlagenden Budgets aufgewendet werden muss, um denselben Werbeeffekt zu erzielen, lässt sich leicht erklären, weshalb 15 der 20 umsatzstärksten deutschen Unternehmen kostenlose Unterrichtsmaterialien anbieten – insbesondere im Feld der ökonomischen Bildung (vgl. *Mathes* 2013, 25). Nicht wenige der ca. 250 Initiativen, die vorgeben, sich um die ökonomische Bildung verdient zu machen, tatsächlich aber nur mit ihr verdienen wollen, speisen die Schulen mit selektiven, tendenziösen und manipulativen Unterrichtsmaterialien. Für Lehrer/innen, die über eine sozialwissenschaftliche Facultas verfügen, stellt dies eine nicht zu unterschätzende Herausforderung dar, für diejenigen Lehrkräfte, die sozialwissenschaftliche Fächer fachfremd unterrichten (müssen), nicht selten eine strukturelle Überforderung.

Dabei beschränkt sich die Einflussnahme privater Akteure nicht mehr auf *Public Private Partnerships,* Geldspenden und vertraglich fixiertes Schulsponsoring. Nahezu täglich werden Lehrer(inne)n Unterrichtsmaterialien privater Bildungsanbieter unterbreitet, wobei Praktikant(inn)en und Referendar(inn)e(n), die während ihrer Ausbildung (fachliche) Orientierung suchen und über wenig Geld verfügen, überproportional häufig auf die gratis ausgegebenen Broschüren und Bücher zurückgreifen. Diese selektive Permeabilität von Schulen gegenüber unternehmerischen Einflüssen führt zu einer tektonischen Verschiebung der Akteurskonstellationen im öffentlichen Bildungssektor, die gravierende Auswirkungen auf das Verständnis von Schule als neutraler Bildungsinstanz hat: Gewinn- und Gemeinwohlorientierung prallen aufeinander (vgl. *Gericke* 2012, 42 f.). Ferner hat die in gleich doppelter Hinsicht als solche zu bezeichnende „Übernahme" des Unterrichts durch Mitarbeiter/innen von Privatunternehmen weitreichende Konsequenzen für die öffentliche Wahrnehmung des Lehrerberufs, erfährt die professionsbezogene Ausbildung mit dieser „Öffnung von Schule" doch einen nachhaltigen Reputationsverlust. Das allgemeinbildende Schulwesen wird zum institutionellen Rahmenschauplatz degradiert, in dessen Sphäre Unternehmensakteure frei von curricularen Vorgaben agieren können, sodass kein „Verhältnis unter Gleichen" besteht, sondern ein Ungleichgewicht geschaffen wird, das sich sowohl in finanziellen als auch in inhaltlichen Abhängigkeiten niederschlägt (vgl. ebd., 46 f.; *Gericke/Liesner* 2014, 49 f.).

Manipulierend wirkt etwa die mit einem Jahresetat von zuletzt 6,91 Mio. Euro ausgestattete *Initiative Neue Soziale Marktwirtschaft* (INSM) in ihrem Material „Das kleine 1 x 1 der Sozialen Marktwirtschaft", indem sie fragt, ob „nicht die soziale Balance in Deutschland gerade deshalb aus den Fugen geraten [ist], weil wir [...] krampfhaft versuchen, die Schicksale von mehr als 80 Millionen Menschen in ein einziges, nämlich das vom Staat vorgegebene Korsett zu zwängen“ (2009, 47)? Der in Art. 14 Abs. 2 GG verankerte Grundgesetzartikel „Eigentum verpflichtet. Sein Gebrauch soll zugleich dem Wohle der Allgemeinheit dienen“ wird mit den verfassungsskeptischen Worten kommentiert: „Zugegeben, dieses Gebot ist ohne Zweifel gut gemeint, doch von einer freiheitlichen Wirtschaftsverfassung zeugt es nun wirklich nicht“ (ebd., 21). Die Absichten der advokatorischen Denkfabrik INSM bei ihrem schulischen Engagement liegen auf der Hand: Da Kinder und Jugendliche im Umgang mit Meinungen als vergleichsweise unerfahren gelten müssen, zeigen sie eine besondere Responsivität gegenüber von Erwachsenen vorgetragenen Meinungen – zumal wenn sie von externen Sachverständigen im schulischen (Pflicht-)Kontext vorgetragen werden.

Große Aufmerksamkeit erregte in der jüngeren Vergangenheit auch der Verein *Geldlehrer Deutschland e. V.,* der mit einer dubiosen Bildungsoffensive auf die Vermittlung finanzieller Allgemeinbildung zielt. Über 80 „Geldlehrer/innen“ haben schon bislang mehr als 2.245 Unterrichtsstunden an Mittel- und Realschulen sowie Gymnasien erteilt, damit Schüler/innen anschließend „Sparpläne, Darlehen, Ratenkredite, Inflation und sogar ihre eigene Altersvorsorge selbstständig berechnen“ können (*Geldlehrer* 2014). Der Verdacht liegt nahe, dass die Vermögens- und Finanzberater/innen, die für ihre dreitägige Ausbildung 2.900 Euro bezahlen, gezielt für ihre Finanz- und Versicherungsprodukte werben, indem sie die staatliche Umlagefinanzierung schlecht-

und das privatwirtschaftlich organisierte Kapitaldeckungsprinzip schönreden. Auch mit Blick auf andere im Aufwind befindliche Initiativen im Dienste finanzieller Bildung lässt sich fragen, ob das knappe Zeitkontingent in den sozialwissenschaftlichen Unterrichtsfächern bereits bei 12-Jährigen auf die Fragen „Wie sorge ich privat für das Alter vor?“, „Wie betreibe ich bei meinen Finanzanlagen Risikodiversifikation?“ und „Wie versichere ich mich richtig?“ verwendet werden sollte.

Auch Mitarbeiter/innen der mit einem Jahresetat von knapp 3,1 Mio. Euro ausgestatteten Initiative *My Finance Coach* drängen in die Schule (*MFC* 2013, 58). Eine zu kritischem Bewusstsein erziehende finanzielle Allgemeinbildung, die auf die Gefahren von Missbrauch durch Finanzintermediäre wie Bankberater/innen oder Versicherungsvertreter/innen hinweist und vor vermeidbaren finanziellen Risiken warnt, findet dabei nicht statt. In dem Materialordner zum Thema „Sparen“ etwa werden die Risiken von Aktien und Anleihen niedriger Bonität oder hoher Volatilität ebenso ausgeblendet wie Inflationsrisiken, „Kreditfallen“ oder „Falschberatungen“. Zudem erteilen die *Finance Coaches* der beteiligten Unternehmen, darunter der Versicherungskonzern Allianz, die Werbeagentur Grey und die Unternehmensberatung McKinsey, auf Basis der umfassenden Materialsammlung Unterricht. Aber ist dieser externe Sachverstand im Klassenzimmer erforderlich? Fürchten Eltern und Lehrer/innen nicht zu Recht, dass Mitarbeiter/innen von Strukturvertrieben Schulen besuchen, um neue potenzielle Kunden zu werben, indem sie erst deren Ängste vor Altersarmut schüren und dann Wege der privaten Altersvorsorge skizzieren? Dabei lässt eine Analogie erkennen, welche Gefahren aus dieser „Öffnung von Schule" resultieren: „Die Vermittler in Schulen so für den Unterricht einzubinden ist fast so, als würde ein Pharmareferent den Sexualkundeunterricht gestalten oder ein Fast Food-Restaurantleiter die Kinder über Ernährung informieren" (*Kleinlein* 2013).

Dabei stehen die von privaten Content-Anbietern propagierten Partikularinteressen nicht nur im Widerspruch zum Humboldtschen Bildungsideal, sondern laufen auch dem „Überwältigungsverbot" zuwider, das bis heute die Grenze zwischen Aufklärung und Indoktrination markiert. Lernprozesse können schließlich nur dann als erfolgreich bezeichnet werden, wenn Meinungen und Urteile gewonnen, präzisiert, reflektiert, verifiziert oder gegebenenfalls auch falsifiziert werden (können). Dazu bedarf es der Konfrontation mit disziplinspezifischen Perspektiven, denn wer kritisch mit disziplinär spezialisiertem Wissen umgehen lernen will, muss unterschiedliche Perspektiven vergleichen, situationsbezogen nutzen und miteinander in Bezug setzen können. Eben diese Multiperspektivität aber verkennen die Konzepte zur ökonomischen Bildung, die das Separatfach „Wirtschaft" mit einer auf die Wirtschaftswissenschaften fokussierten disziplinistischen Struktur befürworten.

VII. Notwendigkeit der Reflexion von Alternativen

Die Wahrung pluralistischer Prinzipien ist auch unverzichtbar, um die „Welt hinter der Welt" zu entdecken. Sozialwissenschaftlicher Unterricht zielt in besonderer Weise auf die Entwicklung von Orientierungs-, Kritik- und Urteilsfähigkeit, geht mithin unter Bezugnahme auf die Reflexion von Alternativen über die bloße Faktenvermittlung hinaus, wobei der Wandlungscharakter gesellschaftlicher Rahmenbedingungen herauszustellen ist. Einerseits wird Schüler(inne)n damit verdeutlicht, dass es aufgrund der historischen und regionalen Wandelbarkeit in den Sozial- gegenüber den Naturwissenschaften keine allgemeingültigen „Gesetze" gibt; andererseits lernen sie, dass die von den Medien häufig als „geistiges Klima" bezeichnete politische Kultur temporalen Transformationsprozessen unterliegt. „Insofern ist der Begriff der Mündigkeit nicht nur auf die Förderung des Individuums konzentriert, sondern zugleich auf eine Veränderung der Gesamtgesellschaft ausgerichtet, da alle gesellschaftlichen Verhältnisse, die dem Mündigwerden der Individuen entgegenstehen, zu kritisieren sind" (*Henkenborg* 2001, 4).

Um dieses Kontingenzbewusstsein zu befördern, bedarf es der Initiierung einer tragfähigen Reflexions- und Diskussionskultur, die die Lernenden in ihrer Eigen- und Fremdverantwortung stärkt. Wie Bildung und Erziehung insgesamt soll multidisziplinärer sozialwissenschaftlicher Unterricht einen Beitrag dazu leisten, dass das Gesellschaftssystem verstanden, gedeutet und entlang von Entwicklungsmöglichkeiten analysiert werden kann. Ein der Multidisziplinarität verpflichteter sozialwissenschaftlicher Unterricht wirft z. B. die Frage nach der herkunfts- oder geschlechtsbedingten Zuweisung von Lebens- und Berufschancen auf. Ferner wird das Abhängigkeits- und Überlegenheitsverhältnisse konstituierende Phänomen der „Macht“ als eine zentrale Lehr-/Lernkategorie verstanden, weist dieses doch insofern auf die Veränderbarkeit gesellschaftlicher Zustände hin, als die Möglichkeit der Einwirkung auf das Verhalten und Denken von Personen und sozialen Gruppen Schwankungen unterliegt. Im Einklang mit dem pluralistischen Prinzip *audiatur et altera pars* sollen die Schüler/innen nicht nur alternative Positionen skizzieren, respektieren und generieren lernen, sondern auch ein Gespür für die Veränderbarkeit des Wirtschafts- und Gesellschaftssystems entwickeln: Was soll, kann oder muss sich ändern – und wenn ja, wie? Multidisziplinäre sozialwissenschaftliche Bildung soll demnach durch das Denken in Alternativen die Utopiefähigkeit der Lernenden fördern.

VIII. Chancen zur Belebung des pluralistischen Prinzips

Da die „Inthronisierung“ der ökonomischen allzu häufig die „Entthronung“ der politischen Bildung zum Ziel hat, müssen die Risiken einer monodisziplinären ökonomischen Bildung verdeutlicht werden. Andernfalls droht die auf die „Totalbewirtschaftung“ des Lebens zielende Kosten-Nutzen-Kalkulation, die alles Tun und Trachten von der Aufnahme des Studiums bis hin zur Familiengründung unter den ökonomischen Vorbehalt des „Sich-Rechnen-Müssens“ stellt, nicht nur zum Fixpunkt ökonomischer, sondern auch zum Referenzrahmen sozialwissenschaftlicher Bildung zu werden. Schon jetzt sieht sich die politische Bildung mit der Herausforderung konfrontiert, dass die (Re-)Strukturierung einer wachsenden Zahl von Gesellschaftsbereichen nach Markt-, Effizienz- und Konkurrenzkriterien mit einem leider vielfach tolerierten Verzicht auf Ziele der politischen Bildung einhergeht. Eine allein auf die neoklassische Standardökonomie fokussierte ökonomische Bildung lässt jedoch bedeutende Themenfelder unberücksichtigt, wie z. B. die rasante Beschleunigung der Arbeitsprozesse, die Einflussnahme von Unternehmen auf politische Entscheidungsprozesse, die Trennlinie zwischen Gewinn- und Gemeinwohlorientierung oder das durch Werbung motivierte Konsumverhalten.

Dabei muss gerade für die ökonomische Bildung die Auseinandersetzung mit wenigstens einer alternativen Position als pluralistisches Minimum benannt werden. Ferner müssen ökonomische Themen mit historischen Entwicklungssträngen, politischen Gestaltungsmöglichkeiten, gesellschaftlichen Rahmenbedingungen und rechtlichen Vorgaben in Bezug gesetzt werden (vgl. *Graupe* 2013; *Hedtke* 2011, 59 ff.). Damit wird einerseits dem Umstand Rechnung getragen, dass formalisierte mathematische Modelle und Methoden, denen in der Standardökonomie lange Zeit eine geradezu naturgesetzliche Allgemeingültigkeit bescheinigt wurde, unter dem Druck der experimentellen Wirtschaftsforschung im Auflösen begriffen sind. Zugleich zielen zahlreiche Forderungen nach einer Erneuerung der Ökonomie darauf, diese weniger als eine Natur- denn vielmehr als eine multiparadigmatische Geistes- und Sozialwissenschaft zu begreifen, die auf das Prinzip der permanenten ethischen Reflexion ebenso verpflichtet ist wie auf die den Pluralismus stützenden Prinzipien der Interdisziplinarität und Kontroversität. „Ökonomische Multikulturalität" (*Bracht* 1994, 30) manifestiert sich etwa in unterschiedlichen Organisationsformen der Produktion – von privaten Haushalten über Genossenschaften bis hin zu Kleinunternehmungen –, in unterschiedlichen Anspruchshaltungen an die berufliche Tätigkeit, aber auch in unterschiedlichen Selbstbildern, die von der „Selbstoptimierung" bis hin zur Selbstverwirklichung im Einklang mit dem „Suffizienzpostulat" reichen. Diese Pluralität der Lebensformen wird jedoch in einem allein an wirtschaftswissenschaftlichen Theorien, Modellen und Paradigmen orientierten Unterrichtsfach nicht erfasst.

Angesichts dessen, dass 11- bis 15-Jährige hierzulande laut einer unlängst veröffentlichten UNICEF-Studie auf Platz 22 von 29 untersuchten Industrieländern liegen, wenn es um die subjektiv empfundene Lebensqualität geht (*Schmollack* 2013) und vielerorts aus dem Kreis der Familien ein Halbkreis vor dem Fernseher oder vor der *Play Station* geworden ist, darf man zumindest daran zweifeln, dass ökonomische Bildung für den zur Persönlichkeitsbildung beitragenden Allgemeinbildungskanon unzweifelhaft vorrangig ist. Blickt man ferner darauf, dass 14- bis 19-Jährige pro Tag knapp 120 Minuten im Internet verbringen, der/die Durchschnittsbürger/in täglich ca. 225 Minuten fernsieht (*Schilling* 2009) und ein durchschnittliches deutsches Ehepaar laut den neueren Erkenntnissen der Zeitbudget-Forschung nur noch zwei Minuten täglich über persönliche Dinge spricht (vgl. *Plock* 2006, 28), könnte die Wiederbelebung des sozialen Miteinanders für dringlicher denn je erklärt werden. Deshalb müssen u. a. soziologische Paradigmen, Perspektiven und Positionen einen deutlicheren Widerhall in der sozialwissenschaftlichen Bildung finden. Diesen Anspruch kann nur ein sozialwissenschaftliches Integrationsfach einlösen. „Integration statt Separation“ muss daher die Losung lauten.

Einen gangbaren Ausweg aus den „Allmachtsphantasien“ der ökonomischen Bildner/innen bietet der Rekurs auf das „Regime des Pluralismus“ (*Münch* 2010), indem das Festhalten an den etablierten sozialwissenschaftlichen Fächerstrukturen als Garant für das von Paul Feyerabend benannte Prinzip der Proliferation gedeutet wird. Danach kommt es darauf an, den (anfänglich) scheinbar abwegigen Alternativen intellektuelle und institutionelle Entwicklungsmöglichkeiten einzuräumen (vgl. *Feyerabend* 1980). Letztlich bietet nur die sozialwissenschaftliche Bildung die Gewähr dafür, dass ein methodologischer Monismus vermieden wird und heterodoxe sowie interdisziplinäre Inhalts- und Themenfelder in den Curricula verbleiben. Mit der Einführung eines Separatfachs „Wirtschaft“ würde der Mangel an Lehrkräften mit einer einschlägigen wirtschaftswissenschaftlichen Facultas dessen Befürworter(inne)n einen weiteren vermeintlichen Grund liefern, warum sich Schulen gegenüber Vertreter(inne)n der Wirtschaft als „Expert(inn)en“ öffnen müssten.

Bildung baut aber nicht auf Felsengrund, sondern auf Sumpfland. Man hört nicht deswegen auf, die Pfeiler tiefer hineinzutreiben, weil man auf eine feste Schicht gestoßen ist, sondern wenn man hofft, dass die Pfeiler ausreichend Halt gefunden haben, um die eigene Ansicht zu tragen. Wenn die Interessen (der Unternehmen und ihrer Lobbyverbände) die Erkenntnis (der Schüler/innen) blockieren, ist dieses für jeden Lernprozess essentielle Fundament gefährdet.

Nicht zuletzt deshalb sollte im Einklang mit dem sozialwissenschaftlichen Ansatz die enge Verflechtung der Gegenstandsbereiche „Politik“, „Ökonomie“ und „Gesellschaft“ akzentuiert und der „Verdrängungswettbewerb“ zwischen den sozialwissenschaftlichen Teildisziplinen als interessenpolitisch motiviert demaskiert werden. Vielmehr gilt es, die der sozialwissenschaftlichen Trias aus Politikwissenschaft, Ökonomie und Soziologie zu Grunde liegenden Denkweisen, Kategorien und Methoden in einen systematischen Zusammenhang zu bringen, konzeptionell zu ordnen sowie in einem Integrationsfach zu festigen. Die auf die Desintegration der sozialwissenschaftlichen Teildisziplinen ausgerichtete Didaktik löst nicht nur die produktive Koexistenz disziplinär benachbarter Paradigmen, Theorien, Methoden, Werte und (Wissenschafts-)Kulturen auf, sondern opfert zugleich das Prinzip des Pluralismus auf dem Altar der Interessen.

Literatur

Arendt, Hannah (1993): Was ist Politik?, München

Arendt, Hannah (1994): Über die Revolution, München

Beck, Ulrich (1996): Kapitalismus ohne Arbeit, in: Der Spiegel, Nr. 20 v. 13.5.

Bosch, Gerhard (2014): Facharbeit, Berufe und berufliche Arbeitsmärkte, in: WSI-Mitteilungen, 67. Jg., Heft 1, S. 5–13

Bracht, Elke (1994): Multikulturell leben lernen. Psychologische Bedingungen universalen Denkens und Handelns, Heidelberg

Butterwegge, Christoph (2006): Generationengerechtigkeit – politischer Kampfbegriff oder sinnvolle Neuinterpretation der sozialen Frage? Kritische Anmerkungen zu einem Kernaspekt des aktuellen Gerechtigkeitsdiskurses in Deutschland, in: Alexander Grasse/Carmen Ludwig/Berthold Dietz (Hg.): Soziale Gerechtigkeit. Reformpolitik am Scheideweg. Festschrift für Dieter Eißel zum 65. Geburtstag, Wiesbaden, S. 117–128

Cremer, Will/*Schiele,* Siegfried (1992): Zum Konsens und zur Kontroversität in der politischen Bildung, in: Gotthard Breit/Peter Massing (Hg.): Grundfragen und Praxisprobleme der politischen Bildung, Bonn, S. 135–139

Engartner, Tim (2008): Wider starre (gesellschafts)politische Grenzen in der Wissenschaft. Einige Ansichten zu der Frage, weshalb die Wertgebundenheit sozialwissenschaftlicher Bildung mehr Offenheit verlangt, in: Politische Bildung, 41. Jg., Heft 2, S. 136–147

Engartner, Tim (2009): Against Rigid Boundaries in Social Science, in: International Journal of Pluralism and Economics Education, Vol. 1, No. 1/2, pp. 58–64

Engartner, Tim (2012): Wagnis Universitätskarriere, in: Blätter für deutsche und internationale Politik, 57. Jg., Heft 4, S. 98–102

Engartner, Tim (2013): Schlanker Staat, starker Markt – oder: Die Politik der Privatisierung, in: Christoph Klug/Josef Lutz/Knut Krusewitz (Hg.): Perspektiven fortschrittlicher und kritischer Wissenschaft und Kultur, Gelsenkirchen, S. 127–130

Engartner, Tim (2014): Lobbyismus in Schulen. Wie Unternehmen und Stiftungen mit Unterrichtsmaterialien Einfluss nehmen, in: WestEnd. Neue Zeitschrift für Sozialforschung (mit Balasundaram Krisanthan) [im Erscheinen]

Falk, Armin (2003): Homo Oeconomicus versus Homo Reciprocans: Ansätze für ein neues wirtschaftspolitisches Leitbild?, in: Perspektiven der Wirtschaftspolitik, 4. Jg., Heft 1, S. 141–172

Fehr, Ernst/*Schmidt,* Klaus M. (2005): The Economics of Fairness, Reciprocity and Altruism – Experimental Evidence and New Theories, Discussion Paper No. 66

Feyerabend, Paul (1980): Erkenntnis für freie Menschen, Frankfurt a. M.

Geldlehrer e. V. (2014): Aktuelle Erfolgs- und Leistungsbilanz, http://www.geldlehrer.de/leistungsbilanz (abgerufen am 12.4.2014)

Gerding, Jonas/*Kutzim,* Julian/*Struller,* Jakob (2014): Tückische Nachhilfe, in: Die Zeit, Nr. 17 v. 16.4.

Gericke, Christina (2012): Schule und Wirtschaft: das neue Traumpaar? Zur Kooperation von öffentlichen Schulen und privaten Unternehmen, in: Pädagogische Korrespondenz, 25. Jg., Heft 46, S. 42–55

Gericke, Christina/*Liesner,* Andrea (2014): „Geben und Nehmen auf Augenhöhe?" Kooperationen mit außerschulischen Partnern als Herausforderung der sozioökonomischen Bildung, in: Andreas Fischer/Bettina Zurstrassen (Hg.): Was ist Sozioökonomie, was ist sozio-ökonomische Bildung? [im Erscheinen]

Görs, Dieter (1975): Politische und didaktische Aspekte einer interessenbezogenen „Arbeitslehre/Polytechnik", in: WSI-Mitteilungen, 28. Jg., Heft 6, S. 294–301

Grammes, Tilman (2005): Kontroversität, in: Wolfgang Sander (Hg.): Handbuch politische Bildung, Schriftenreihe der Bundeszentrale für politische Bildung, Band 476, Bonn, S. 126–145

Graupe, Silja (2013): Ökonomische Bildung. Die geistige Monokultur der Wirtschaftswissenschaften und ihre Alternativen, in: Coincidentia. Zeitschrift für europäische Geistesgeschichte, Beiheft 2, S. 139–165

Haubl, Rolf (2008): Wenn's ums Geld geht – Interventionen wider den Zeitgeist, in: Andreas Bergknapp/Christian Gärtner/Sabine Lederle (Hg.): Sozioökonomische Organisationsforschung, München/Mering, S. 10–23

Hayek, Friedrich August von (1969): Der Wettbewerb als Entdeckungsverfahren, in: ders.: Freiburger Studien. Gesammelte Aufsätze, Tübingen

Hedtke, Reinhold (2002): Die Kontroversität in der Wirtschaftsdidaktik, in: GWP – Gesellschaft, Wirtschaft, Politik, 51. Jg., Heft 2, S. 173–186

Hedtke, Reinhold (2011): Konzepte ökonomischer Bildung, Schwalbach/Ts.

Hedtke, Reinhold (2012): Die Wirtschaft in der Schule: Agendasetting, Akteure, Aktivitäten, Working Paper Nr. 3 der AG Didaktik der Sozialwissenschaften, Bielefeld

Hedtke, Reinhold (2013): Arbeitswelt und Schule – Perspektiven sozialwissenschaftlicher Bildung, in: Gewerkschaft Erziehung und Wissenschaft (Hg.): Arbeitsweltorientierung und Schule. Eine Querschnittsaufgabe für alle Klassenstufen und Schulformen, Bielefeld, S. 43–66

Hedtke, Reinhold/*Uppenbrock,* Carolin (2011): Atomisierung der Stundentafeln? Schulfächer und ihre Bezugsdisziplinen in der Sekundarstufe I, Working Paper Nr. 3 der iböb (Initiative für bessere ökonomische Bildung), Bielefeld

Henkenborg, Peter (2001): Zur Philosophie des Politikunterrichts: Zum Kern politischer Bildung in der Schule, www.sowi-online.de/sites/default/files/henkenborg.pdf (abgerufen am 11.4.2014)

Hippe, Thorsten (2012): Entrepreneurship Education und Arbeitnehmerorientierung ohne Interdisziplinarität?, in: Thomas Retzmann (Hg.): Entrepreneurship Education und Arbeitnehmerorientierung in der ökonomischen Bildung, Schwalbach/Ts., S. 290–302

Initiative Neue Soziale Marktwirtschaft (INSM) (2009): Das kleine 1 x 1 der Sozialen Marktwirtschaft, Köln (3. Auflage)

Kleinlein, Axel (2013): Unterricht beim Strucki, in: Handelsblatt v. 20.11.

X *Mathes,* Eva (2013): „Kampf um die Köpfe der Schüler“. Interview mit Christina Bauermeister, in: Politik & Kommunikation, 23. Jg., Heft Februar/März, S. 24–25

Münch, Richard (2010): Das Regime des Pluralismus. Zivilgesellschaft im Kontext der Globalisierung, Frankfurt a. M./New York

Münch, Richard (2011): Akademischer Kapitalismus. Zur politischen Ökonomie der Hochschulreform, Berlin

My Finance Coach (MFC) (2013): Jahresbericht 2013, München

Negt, Oskar (2003): Über den betriebswirtschaftlichen Imperialismus. Interview mit Jürgen Klausenitzer, in: Zeitschrift für sozialistische Politik im Bildungs-, Gesundheits- und Sozialbereich, 22. Jg., Heft 89, S. 7–18

Opp, Karl-Dieter (2006): Methodologie der Sozialwissenschaften. Einführung in Probleme ihrer Theorienbildung und praktischen Anwendung, Wiesbaden

Organisation for Economic Co-operation and Development (OECD) (2007): PISA 2006. Naturwissenschaftliche Kompetenzen für die Welt von morgen, Bielefeld

Oxfam (2013): Working for the Few. Political Capture and Economic Inequality, Oxfam Briefing Paper No. 178, Oxford

Planck, Max (1948): Wissenschaftliche Selbstbiographie, Leipzig

Plock, Wilfried (2006): Kommunikation in der Ehe, in: ethos, 23. Jg., Heft 4, S. 28–33

Reardon, Jack (2009): Introduction and Overview, in: id. (ed.): The Handbook of Pluralist Economics Education, New York, pp. 3–16

Reinhardt, Sibylle (1992): Kontroverses Denken, Überwältigungsverbot und Lehrerrolle, in: Gotthard Breit/Peter Massing (Hg.): Grundfragen und Praxisprobleme der politischen Bildung, Bonn, S. 140–148

Retzmann, Thomas/*Seeber,* Günther/*Remmele,* Bernd/*Jongebloed,* Hans-Carl (2010): Ökonomische Bildung an allgemein bildenden Schulen, Essen/Lahr/Landau/Kiel

Schilling, Thorsten (2009): Bitte Zahlen, in: fluter. Magazin der Bundeszentrale für politische Bildung, Heft 31, S. 48

Schlösser, Hans Jürgen (2007): Menschenbilder in der Ökonomie, in: Orientierungen zur Wirtschafts- und Gesellschaftspolitik, Nr. 112, Jg. 2, S. 68–72

Schmollack, Simone (2013): Deutsch, wohlhabend, nicht happy, in: die tageszeitung v. 10.4.

Schubert, Klaus/*Klein,* Martina (2011): Das Politiklexikon, Bonn (5. Auflage)

Schumpeter, Joseph A. (1993): Kapitalismus, Sozialismus und Demokratie (US-amerikanische Originalausgabe: Capitalism, Socialism, and Democracy, New York 1942), Tübingen/Basel (7. Auflage)

Seiler, Manfred (1992): Das Elend des Historizismus. Über Karl Raimund Popper, in: Die Zeit, Nr. 4 v. 23.1.

Sennett, Richard (1998): Der flexible Mensch. Die Kultur des neuen Kapitalismus. Berlin (US-amerikanische Originalausgabe: The Corrosion of Character, New York 1998)

Spinner, Helmut (1974): Pluralismus als Erkenntnismodell, Frankfurt a. M.

Steinmann, Bodo (2008): Lebenssituationsorientierte ökonomische Bildung, in: Reinhold Hedtke/Birgit Weber (Hg.): Wörterbuch Ökonomische Bildung, Schwalbach/Ts., S. 209–212

Straubhaar, Thomas (2012): „Schluss mit dem Imperialismus der Ökonomen", Interview, in: Financial Times Deutschland v. 5.3.

Weber, Birgit (2004): Lebenschancen als Schlüsselbegriff sozialwissenschaftlicher Didaktik, in: Horst Pöttker/Thomas Meyer (Hg.): Kritische Empirie. Lebenschancen in den Sozialwissenschaften, Wiesbaden, S. 79–101

Zukunftskommission Bayern-Sachsen (1997): Erwerbstätigkeit und Arbeitslosigkeit in Deutschland. Entwicklung, Ursachen und Maßnahmen, Teil 3: Maßnahmen zur Verbesserung der Beschäftigungslage, Bonn

Zum Autor

Tim Engartner, Jg. 1976, ist seit 2012 Professor für Didaktik der Sozialwissenschaften mit dem Schwerpunkt schulische Politische Bildung am Fachbereich Gesellschaftswissenschaften der Goethe-Universität Frankfurt a. M. sowie Direktor der Akademie für Bildungsforschung und Lehrerbildung. Er studierte Sozial- und Wirtschaftswissenschaften sowie Englisch für das Lehramt der Sekundarstufen I/II in Bonn, Oxford und Köln, bevor er sein 2. Staatsexamen ablegte (2005) und an der Universität zu Köln promoviert wurde (2008). Danach war er am dortigen Institut für vergleichende Bildungsforschung und Sozialwissenschaften tätig. 2009 wechselte er an die Universität Duisburg-Essen, wo er zuletzt eine Juniorprofessur für Ökonomische Bildung innehatte. Anschließend wurde Herr Engartner auf die Professur für Ökonomie und ihre Didaktik an der PH Schwäbisch Gmünd berufen. Er absolvierte durch den DAAD, das Europäische Parlament, die Hans-Böckler-Stiftung und die Rosa-Luxemburg-Stiftung geförderte Studien- und Forschungsaufenthalte. Tim Engartner ist Träger des 1822-Universitätspreises für exzellente Lehre an der Goethe-Universität Frankfurt a. M. (2014), des Günter Reimann Wissenschaftspreises (2009), des Förderpreises der Gregor-Louisoder-Umweltstiftung (2008) sowie des Deutschen Studienpreises (2006).